LIDERAZGO
y DESARROLLOS

JA PÉREZ

Liderazgo y Desarrollos

Keen Sight Books

Puede encontrarnos en la red en: www.KeenSightBooks.com
Reportar errores de imprenta a errata@keensightbooks.com

ISBN: 978-1-947193-10-9

Printed in the U.S.A.

*este manual es dedicado a todos los
líderes que laboran con nosotros
en nuestra querida América*

Contenido

Esta literatura

Esta serie intenta comunicar al alumnado, doce columnas básicas elementales, necesarias para establecer los fundamentos sólidos sobre los cuales reposa el liderazgo sano.

No son éstos los únicos principios o conceptos que regulan la formación de un líder, sin embargo, estas doce áreas cubiertas en el libro, establecerán una buena base sobre la cual edificar.

Misión de la *Escuela de Liderazgo Internacional*

Levantar, equipar y enviar líderes de estatura, probados y consagrados, con visión global —listos para sentarse a la mesa con aquellos que moldean culturas, influyen decisiones y diseñan las ideas que dirigen el curso de vida en sus respectivos países.

¿Cómo lo hacemos?

A éstos procuramos proporcionar principios culturalmente sensitivos en un contexto internacional y ésto en sesiones exclusivas —todo en un marco de tiempo que líderes realmente ocupados pueden manejar.

Impacto a largo plazo

Líderes se han de formar con una mentalidad de impacto a largo plazo. Asegurando que la experiencia adquirida por los mismos se transmita de manera exponencial, a medida que se comprometen a influir a otros líderes y comunidades.

1

Liderazgo y Desarrollos

Conforme a la gracia de Dios que me ha sido dada, yo como perito arquitecto puse el fundamento, y otro edifica encima; pero cada uno mire cómo sobreedifica.
1 Corintios 3:10

Por lo cual, animaos unos a otros, y edificaos unos a otros, así como lo hacéis.
1 Tesalonicenses 5:11

En el liderazgo, la palabra desarrollo es sinónimo de edificar. Desarrollamos líderes, sistemas, estrategias y modelos que nos facilitan hacer el trabajo al cual fuimos llamados.

Muros

En algunos de nuestros círculos se hace mucho énfasis en cuanto a la construcción de templos y santuarios donde nos congregamos cada Domingo a adorar a Dios y escuchar la exposición de su palabra.

No pretendo ser crítico, en realidad necesitamos siempre un lugar donde congregarnos, sin embargo, aunque un edificio físico tiene su importancia, creo debemos prestar atención a toda la edificación a la que hemos sido llamados, sea equipar y levantar recursos humanos, o desarrollar las herramientas que nos permitan continuar edificando el gran edificio de Dios el cual está formado por sus santos —la Iglesia.

> *Porque nosotros somos colaboradores de Dios, y vosotros sois labranza de Dios, edificio de Dios. 1 Corintios 3:9*

Si miramos detenidamente a la vida de la Iglesia del Señor en los primeros siglos, notamos que la congregaciones se reunían en casas. Los creyentes tenían un gran sentido de comunidad, y operaban en las plazas y lugares públicos. Los primeros cristianos no estaban preocupados por templos.

Al principio, existía el templo judío en Jerusalén, donde los que habían creído en Cristo todavía asistían. Sin embargo ya los creyentes se reunían en casas y pronto vemos cuando son esparcidos por causa de las primeras persecuciones, la práctica de iglesias en casas se convierte en la forma.

> *Y perseverando unánimes cada día en el templo, y partiendo el pan en las casas, comían juntos con alegría y sencillez de corazón... Hechos 2:46*

Veamos la costumbre de Pablo:

> *Así que discutía en la sinagoga con los judíos y piadosos, y en la plaza cada día con los que concurrían. Hechos 17:17*

Ejemplos de congregaciones en casas:

Saludad también a la iglesia de su casa. Saludad a Epeneto, amado mío, que es el primer fruto de Acaya para Cristo. Romanos 16:5

Saludad a Apeles, aprobado en Cristo. Saludad a los de la casa de Aristóbulo. Romanos 16:10

Saludad a Herodión, mi pariente. Saludad a los de la casa de Narciso, los cuales están en el Señor. Romanos 16:11

Las iglesias de Asia os saludan. Aquila y Priscila, con la iglesia que está en su casa, os saludan mucho en el Señor. 1 Corintios 16:19

Saludad a los hermanos que están en Laodicea, y a Ninfas y a la iglesia que está en su casa. Colosenses 4:15

y a la amada hermana Apia, y a Arquipo nuestro compañero de milicia, y a la iglesia que está en tu casa. Filemón 1:2

La idea de edificar templos es introducida años más tarde cuando el cristianismo es institucionalizado y se convierte en religión del estado. En esta etapa vemos como ideas templarias derivadas del judaísmo penetran el cristianismo. Usted puede ver cuando entramos a la edad media la importancia que los ladrillos y el cemento han tomado en la vida de lo que es una religión organizada donde la apariencia, la opulencia, la manipulación y el control reinan.

Entonces, sí, necesitamos un lugar para congregarnos, sin embargo en esta hora vamos a dedicar aquí un espacio para hablar de la edificación del otro edificio —la Iglesia de Dios— que somos nosotros.

2

El que edifica
¿Cómo ser un Nehemías?

El libro de Nehemías se divide en dos partes. Los primeros seis capítulos tratan acerca de la reconstrucción de la muralla, mientras que el resto de los capítulos, hasta el 13 tienen que ver con la reconstrucción del pueblo. Con estas dos tenemos el libro completo.

En las ciudades antiguas el único medio verdadero de defensa eran las murallas. Babilonia, como se cuenta en la historia de Daniel, eran de unos 380 pies de grueso y más de 100 pies de alto, unas murallas realmente masivas. Por lo tanto, la ciudad de Babilonia se consideraba a salvo.

En el caso de Nehemías, su labor fue reconstruir.

La labor del liderazgo es no sólo edificar a otros, también reparar. La mayor parte de aquellos que equipamos para servir a otros, vienen a nosotros con gran potencial, pero por lo regular son un producto en bruto. De la misma manera que estábamos nosotros cuando vinimos a Cristo.

En el proceso de prepararnos Dios usó a alguién para reparar nuestra identidad, nuestras emociones, y nuestro sistema con que procesamos lo que creemos de nosotros mismos.

Veámos las características que hacen a un Nehemías un líder valioso en las manos de su Señor.

1- Un Nehemías sabe ir delante de Dios antes de hacer nada. Su dirección viene de Dios.

> *Cuando oí estas palabras me senté y lloré,*
> *e hice duelo por algunos días, y ayuné y*
> *oré delante del Dios de los cielos. Neh 1:4*

2- Un Nehemías sabe ir delante de los grandes y busca socios poderosos.

> *Te ruego, oh Jehová, esté ahora atento*
> *tu oído a la oración de tu siervo, y a la*
> *oración de tus siervos, quienes desean*
> *reverenciar tu nombre; concede ahora*
> *buen éxito a tu siervo, y dale gracia*
> *delante de aquel varón. Porque yo servía*
> *de copero al rey. Neh 1:11*

3- Un Nehemías respeta y honra a quien lo envía.

> *Me dijo el rey: ¿Qué cosa pides? Entonces*
> *oré al Dios de los cielos, y dije al rey:*
> *Si le place al rey, y tu siervo ha hallado*
> *gracia delante de ti, envíame a Judá, a la*
> *ciudad de los sepulcros de mis padres, y*

la reedificaré. Neh 2:4,5

4- Un Nehemías sabe usar el arte de la diplomacia.

Vine luego a los gobernadores del otro lado del río, y les di las cartas del rey. Y el rey envió conmigo capitanes del ejército y gente de a caballo. Neh 2:9

5- Un Nehemías evalúa los daños antes de diseñar soluciones.

Y salí de noche por la puerta del Valle hacia la fuente del Dragón y a la puerta del Muladar; y observé los muros de Jerusalén que estaban derribados, y sus puertas que estaban consumidas por el fuego. Neh 2:13

6- Un Nehemías motiva a otros y forma equipo.

Les dije, pues: Vosotros veis el mal en que estamos, que Jerusalén está desierta, y sus puertas consumidas por el fuego; venid, y edifiquemos el muro de Jerusalén, y no estemos más en oprobio.

Entonces les declaré cómo la mano de mi Dios había sido buena sobre mí, y asimismo las palabras que el rey me había dicho. Y dijeron: Levantémonos y edifiquemos. Así esforzaron sus manos para bien. Neh 2:17,18

7- Un Nehemías enfrenta la oposición y todo líder influyente tiene oposición.

> *Pero cuando lo oyeron Sanbalat horonita,*
> *Tobías el siervo amonita, y Gesem el*
> *árabe, hicieron escarnio de nosotros, y nos*
> *despreciaron, diciendo: ¿Qué es esto que*
> *hacéis vosotros? ¿Os rebeláis contra el*
> *rey? Y en respuesta les dije: El Dios de los*
> *cielos, él nos prosperará, y nosotros sus*
> *siervos nos levantaremos y edificaremos,*
> *porque vosotros no tenéis parte ni derecho*
> *ni memoria en Jerusalén. Neh 2:19,20*

En el capítulo tres del libro de Nehemías está grabado el comienzo del trabajo de reedificar los muros.

Note en este capítulo cuántas veces aparecen las palabras restauró y restauraron.

Como toda labor valiosa, siempre continuará la oposición. Veamos a continuación los tres tipos de oposición que enfrentó Nehemías y como respondió a cada una de ellas.

3

Retos

Enfrentando la adversidad que se presenta en todo proyecto en desarrollo

1- Oposición por medio de la burla

Cuando oyó Sanbalat que nosotros edificábamos el muro, se enojó y se enfureció en gran manera, e hizo escarnio de los judíos.

Y habló delante de sus hermanos y del ejército de Samaria, y dijo: ¿Qué hacen estos débiles judíos? ¿Se les permitirá volver a ofrecer sus sacrificios? ¿Acabarán en un día? ¿Resucitarán de los montones del polvo las piedras que fueron quemadas?

> *Y estaba junto a él Tobías amonita, el cual dijo: Lo que ellos edifican del muro de piedra, si subiere una zorra lo derribará. Neh 4:1-3*

Respuesta de Nehemías:

> *Oye, oh Dios nuestro, que somos objeto de su menosprecio, y vuelve el baldón de ellos sobre su cabeza, y entrégalos por despojo en la tierra de su cautiverio.*
>
> *No cubras su iniquidad, ni su pecado sea borrado delante de ti, porque se airaron contra los que edificaban.*
>
> *Edificamos, pues, el muro, y toda la muralla fue terminada hasta la mitad de su altura, porque el pueblo tuvo ánimo para trabajar. Neh 4:4-6*

Primero Nehemías se dirigió a Dios y buscó refugio en Él. A la vez, continuaron con el trabajo.

Nunca permitas que la oposición te pare lo que estás haciendo. El secreto está en apoyarnos en Dios y no parar.

2- Oposición por medio de la ira

> *Pero aconteció que oyendo Sanbalat y Tobías, y los árabes, los amonitas y los de Asdod, que los muros de Jerusalén eran reparados, porque ya los portillos comenzaban a ser cerrados, se encolerizaron mucho; y conspiraron todos a una para venir a atacar a Jerusalén y hacerle daño. Neh 4:7,8*

Respuesta de Nehemías:

*Entonces oramos a nuestro Dios, y por
causa de ellos pusimos guarda contra
ellos de día y de noche. Neh 4:9*

La respuesta fue, primero, de nuevo la oración y además se pusieron en alerta. Un buen líder siempre está en alerta. Vigilante a las estratagemas de enemigos, o crisis que puedan surgir en cualquier momento.

Esto no sugiere que estemos nerviosos o perdamos nuestra paz. Buenos líderes caminan en la confianza de que quien les envió a la labor, les respaldará en todo momento.

3- Oposición por medio del desánimo

*Y dijo Judá: Las fuerzas de los
acarreadores se han debilitado, y el
escombro es mucho, y no podemos edificar
el muro. Y nuestros enemigos dijeron: No
sepan, ni vean, hasta que entremos en
medio de ellos y los matemos, y hagamos
cesar la obra. Pero sucedió que cuando
venían los judíos que habitaban entre
ellos, nos decían hasta diez veces: De
todos los lugares de donde volviereis,
ellos caerán sobre vosotros. Neh 4:10-12*

Respuesta de Nehemías:

*Entonces por las partes bajas del lugar,
detrás del muro, y en los sitios abiertos,
puse al pueblo por familias, con sus
espadas, con sus lanzas y con sus arcos.*

Después miré, y me levanté y dije a los nobles y a los oficiales, y al resto del pueblo: No temáis delante de ellos; acordaos del Señor, grande y temible, y pelead por vuestros hermanos, por vuestros hijos y por vuestras hijas, por vuestras mujeres y por vuestras casas.

Y cuando oyeron nuestros enemigos que lo habíamos entendido, y que Dios había desbaratado el consejo de ellos, nos volvimos todos al muro, cada uno a su tarea.

Desde aquel día la mitad de mis siervos trabajaba en la obra, y la otra mitad tenía lanzas, escudos, arcos y corazas; y detrás de ellos estaban los jefes de toda la casa de Judá.

Los que edificaban en el muro, los que acarreaban, y los que cargaban, con una mano trabajaban en la obra, y en la otra tenían la espada. Neh 4:13-17

El desánimo entra cuando oímos a las voces incorrectas. Ya sea la voz del miedo que nos producimos cuando comenzamos a ver los posibles escenarios de como algo puede salir mal, o la voz de personas que aunque estén entre nosotros, no están casados con la visión corporativa y se convierten en agentes de negatividad y falta de fe.

Entonces, cuidado a quien oyes.

Nehemías hizo algo bien creativo. Primero, motivó al equipo de trabajo, les habló de lo grande y poderoso de nuestro Dios. Segundo, todos regresaron a su tarea. Las personas cuando están ocupadas trabajando tienen menos tiempo para pensar en posibilidades de fracaso.

Lo tercero que hizo Nehemías, fue armar bien al pueblo. O sea, que eran obreros y a la vez guerreros.

Como líderes, estamos llamados a poner armas espirituales en las manos de aquellos que trabajan con nosotros en todo desarrollo.

Victoria y obra completada

Fue terminado, pues, el muro, el veinticinco del mes de Elul, en cincuenta y dos días.

> *Y cuando lo oyeron todos nuestros enemigos, temieron todas las naciones que estaban alrededor de nosotros, y se sintieron humillados, y conocieron que por nuestro Dios había sido hecha esta obra. Neh 6:15,16*

Es maravilloso ver que una obra de tal magnitud se haya podido completar en cincuenta y dos días.

Verdaderamente vemos el favor de Dios sobre Nehemías y su equipo.

Amado líder, amado mentor de líderes, si persistes, confías en Dios y no abandonas la obra, a su tiempo veras los frutos.

4

Carácter

Es el carácter lo que mantiene a un líder firme durante el proceso de desarrollo de cualquier obra de principio a fin. No necesariamente el dón.

Un don no es señal de madurez.

Samson estaba dotado con gran poder. Él podía pelear y solo deshacer un ejército de filisteos (Jueces 15:15), pero no tuvo el carácter para resistir las demandas de una mujer con artimañas. No pudo decir: No.

> *Y aconteció que, presionándole ella cada día con sus palabras e importunándole, su alma fue reducida a mortal angustia.*
>
> *Le descubrió, pues, todo su corazón, y le dijo: Nunca a mi cabeza llegó navaja; porque soy nazareo de Dios desde el vientre de mi madre. Si fuere rapado, mi fuerza se apartará de mí, y me*

debilitaré y seré como todos los hombres.
Jueces 16:16,17

Dalila presionó a Samson por días, hasta que pudo doblarle. El no poder resistir la presión fue su caída.

Lidiar con presión es una constante en el liderazgo. Por eso necesitamos edificar carácter para poder trabajar bajo presión.

En el caso de Samson, vemos como el mal tomó ventaja.

Viendo Dalila que él le había descubierto todo su corazón, envió a llamar a los principales de los filisteos, diciendo: Venid esta vez, porque él me ha descubierto todo su corazón. Y los principales de los filisteos vinieron a ella, trayendo en su mano el dinero.

Y ella hizo que él se durmiese sobre sus rodillas, y llamó a un hombre, quien le rapó las siete guedejas de su cabeza; y ella comenzó a afligirlo, pues su fuerza se apartó de él. Jueces 16:18-19

Oí a alguien decir una vez que el carácter se mide por cuantas veces puedes decir que "no", y por cuánto tiempo puedes sostener ese "no".

Plan de Trabajo

Medite en lo leído y use los espacios debajo para completar su tarea.

Si usted ha usado la versión digital de este material y lo ha tomado como curso, puede someter las respuestas electrónicamente para calificación a la siguiente dirección:

eli@japerez.com

Incluya en su correspondencia:

    1- Título de este manual

    2- Su nombre y apellidos completos

Alternativamente lo puede enviar por correo tradicional a:

Escuela de Liderazgo Internacional

P.O. Box 211325

Chula Vista, CA 91921 U.S.A.

¿Cuál es el verdadero edificio?

¿Cúal fue la principal labor de Nehemías?

¿Qué características hacen a un Nehemías un líder valioso?

Menciona las oposiciones que tuvo Nehemías y cómo se relaciona ésto con tu liderazgo en el presente.

¿Qué mantiene a un líder firme durante el proceso de desarrollo de cualquier obra?

Principios aprendidos en este manual:

_____
_____
_____
_____
_____
_____
_____
_____
_____

Textos o frases a memorizar:

_____
_____
_____
_____
_____
_____
_____
_____
_____
_____
_____
_____
_____
_____

Ajustes que debo hacer a mi manera de pensar:

_____

_____

_____

_____

_____

_____

_____

_____

Otras notas:

_____

_____

_____

_____

_____

_____

_____

_____

_____

_____

_____

Formando líderes con mente de reino

Con más de treinta y cinco años de ministerio, y una reconocida trayectoria internacional, que incluye estrechas relaciones con economistas, dignatarios y aquellos que moldean las culturas presentes en las naciones, el autor ha mostrado ser una autoridad en la materia de formar líderes.

Escritor, humanitario, moldeador de culturas y precursor de movimientos de cosecha en América Latina. Su mensaje atraviesa generaciones, culturas y naciones. Ha escrito varios libros y asiste a intelectuales, así como a iletrados, en la adquisición de destrezas esenciales y soluciones pragmáticas para comunicar esperanza con valentía en entornos complejos, y a veces hostiles.

Sus concentraciones masivas y misiones humanitarias han atraído grandes multitudes durante años guiando a miles a una relación personal con Jesucristo.

Él, su esposa y sus tres hijos, viven en un suburbio de San Diego en California, desde donde se coordinan todos los eventos de la asociación que lleva su nombre.

Trabajo de JA Pérez con líderes de Latinoamérica
Cuando una ciudad o provincia es impactada, con frecuencia gobernantes y líderes nacionales —senadores y congresistas— asisten al evento y reconocen el movimiento, pero los frutos mayores del proyecto completo son las miles de vidas que son transformadas por el poder del evangelio. Ese es el principal propósito de todo — comunicar las buenas noticias de Cristo.

Líderes con visión global
Los líderes que equipamos
en las Américas, son quienes
sostienen y dan seguimiento
a movimientos de cosecha
cada vez que concluye un
proyecto a nivel ciudad. Ya
equipados para comunicar
el evangelio de una manera
relevante y culturalmente
sensitiva, estos corren con la
comisión de hacer discípulos
en cada generación y grupo
étnico en todas las esquinas
del continente.

Otros libros por JA Pérez

JA Pérez ha escrito más de 50 libros y manuales de entrenamiento. Todos sus libros están disponibles en Amazon.com así como en librerías y tiendas mundialmente. Libros con temas para la familia, empresa, liderazgo, economía, profecía bíblica, devocionales, inspiracionales, evangelismo y teología.

Serie Líderes

Esta serie está compuesta por doce manuales, con ejercicios y espacios para notas y tareas, de manera que el alumnado pueda recordar y poner en práctica cada uno de los principios aprendidos.

Los principios comprendidos en estos doce manuales también se encuentran en el libro *12 Fundamentos de Liderazgo* para ser usado en lectura regular.

LIDERAZGO
IRREVOCABLE

JA PÉREZ

LIDERAZGO
INTELIGENTE

JA PÉREZ

LIDERAZGO
y CONSORCIOS

JA PÉREZ

LIDERAZGO
y GOBIERNOS

JA PÉREZ

LIDERAZGO
PRODUCTIVO

JA PÉREZ

LIDERAZGO
y CAPITAL INFLUYENTE

JA PÉREZ

LIDERAZGO
INSPIRACIONAL

JA PÉREZ

LIDERAZGO
TRANSPARENTE

JA PÉREZ

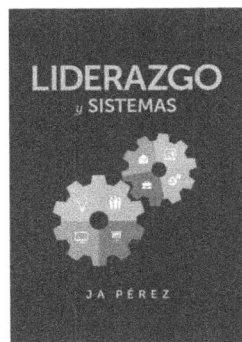

LIDERAZGO
y SISTEMAS

JA PÉREZ

LIDERAZGO
y DESARROLLOS

JA PÉREZ

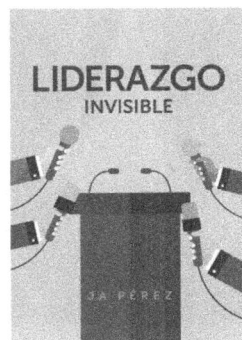

LIDERAZGO
INVISIBLE

JA PÉREZ

LIDERAZGO
y LEGADO

JA PÉREZ

Series Conferencias

Discipulado para Nuevos Creyentes y Estudios de Grupos

Liderazgo, Gobierno y Diplomacia

Inspiración y Creatividad en Liderazgo

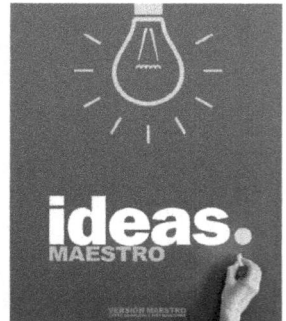

Temas Varios

Crecimiento Espiritual, Principios de Vida y Relaciones — Recientes

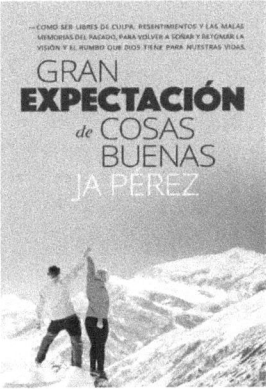

GRAN **EXPECTACIÓN** *de* COSAS BUENAS
JA PÉREZ

FELIZ
JA PÉREZ
LIBRO INTERACTIVO

COMO PROSPERAR CON HUMILDAD
JA PÉREZ

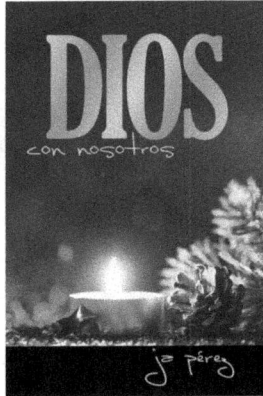

DIOS *con nosotros*
ja pérez

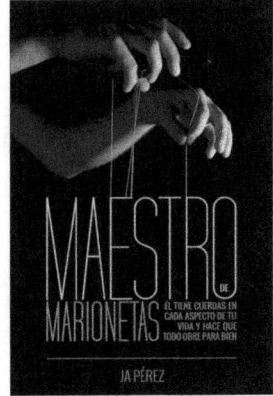

MAESTRO DE MARIONETAS
EL TIENE CUERDAS EN CADA ASPECTO DE TU VIDA Y HACE QUE TODO OBRE PARA BIEN
JA PÉREZ

Profecía Bíblica

40 PROFECÍAS CUMPLIDAS
J.A. PÉREZ

EL FIN
ESTADO PROFÉTICO DE LAS NACIONES
J.A. PÉREZ

Teología

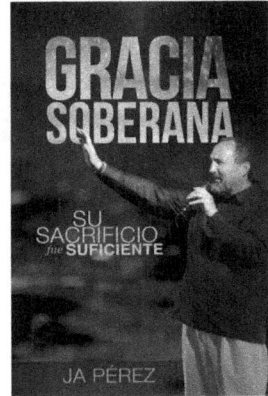

GRACIA SOBERANA
SU SACRIFICIO *fue* SUFICIENTE
JA PÉREZ

Evangelismo y Colaboración

AHORA
que estoy en
CRISTO

JA PÉREZ

COMO
COMPARTIR
LAS
BUENAS
NOTICIAS

JA PÉREZ

Cosecha
Evangelismo
Efectivo

JORGE ARMANDO PÉREZ VENÁNCIO

J.A.PÉREZ

JUNTOS
XEL
CONTINENTE

JA PÉREZ

JUNTOS
XEL
CONTINENTE
VERSIÓN: PASTORES

JA PÉREZ

Festivales y
Concentraciones

Juntos En la Jornada

Festivales y
Concentraciones

Juntos En la Cosecha

JUNTOS

Festivales y
Concentraciones

Juntos Concejo
Internacional

Devocionales

Ficción, Historietas

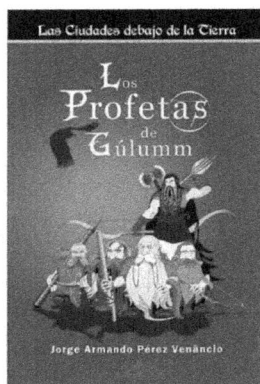

Crecimiento Espiritual, Principios de Vida y Relaciones — Clásicos

English
Evangelism and Collaboration

NOW
THE URGENCY AND THE KEY
TO REACH THIS GENERATION
WITH THE MESSAGE OF CHRIST

COLLAB ORATION
YOUR KINGDOM OR HIS KINGDOM

COLLABORATION
IOI
for EVANGELISTS

COLLABORATION
IOI
for CHURCHES

9 BASIC
PRINCIPLES *of*
COLLABORATION
for EVANGELISTS

JA PÉREZ

Festivals and Celebrations

Together | Collaborate

Festivals and Celebrations

Together | International Council

Contacte / siga al autor

Blog personal y redes sociales

japerez.com

@japereznow

facebook.com/japereznow

Asociación JA Pérez

japerez.org

Keen Sight Books